3つのステップで
すぐできる！

草花あそび・
しぜんあそび

5

石やすなで
あそぼう

監修●露木和男　写真●キッチンミノル

ポプラ社

JN080666

は　じ　め　に

　60年いじょう前、わたしが みなさんのように 小さかった ころ、虫を とったり、川に 魚を とりに いったり、野山で なかまたちと ぼうけんごっこを したり した ことを よく おぼえて います。

　まわりには、しぜんが たくさん ありました。楽しかったなぁ。

　今、思い出しても なつかしくて しかたが ありません。

　それは、しぜんの 中で、心が いつも ときめいて いたからです。ワクワク して いたからです。ふしぎな せかい、おどろくような せかいに、自分が 入って いくような 気が して いました。

　この 本には、しぜんで あそぶ 楽しい ほうほうを たくさん しょうかいして います。この 本を さんこうに して、じっさいに みなさんも しぜんに ふれあい、しぜんの あそびを する ことが できるのです。

　そう、わたしの 小さい ころのように、みなさんも 楽しい あそびが できるのです。

さがして みる こと、はっけん する こと、よく 見る こと、作る こと、
ためす こと、そして、あそぶ こと。
　それは、みなさんの 中に ある 「いのち」 が かがやく ことなのです。
「うれしい じぶん」 に 出会う ことなのです。

元早稲田大学教育・総合科学学術院教授　**露木和男**

先生・保護者の方へ

　私は、子どもたちと接するうえで、子どもの感性を守りたい、と切に願っています。

　自然と切り離された子どもは、感性が摩耗していきます。自然が子どもを育てるという考え方は、私たち大人が思っている以上に大きな意味があるのです。

　レイチェル・カーソンの著作としても知られる「センス・オブ・ワンダー」という言葉があります。「神秘さや不思議さに目を見張る感性」というような意味をもつこの言葉は、これからの日本でくらす子どもの教育にとって、極めて重要な意味をもってくるような気がしています。子どもは、細やかな日本の自然のよさに気づくことで、しなやかに成長していきます。

　そうはいっても、身近には限られた自然しかない地域も少なくありません。その中で、子どもと自然をどう触れ合わせるのか、大人の側の悩みもあります。

　このような現状を考え、子どもが進んで自然に親しむ場をつくってみたい、という願いからこのシリーズは生まれました。昔から伝えられた遊びもあります。オリジナルの遊びもたくさんあります。これは面白いと思っていただける遊びをたくさん紹介しています。

　まずは子どもと遊んでみてください。そして、自然の素晴らしさ、ありがたさ、さらには子どもたちにそれを「伝える」ことの喜びを感じていただけたらうれしく思います。

元早稲田大学教育・総合科学学術院教授　**露木和男**

3つのステップで
すぐできる！

草花あそび・
しぜんあそび
5

石やすなで
あそぼう

もくじ

はじめに ・・・ 2

石や すなを さがしに 行こう！ ・・・・・・・・・・・・・・・・・・ 6

ストーンアート ・・・・・・・・・・・・・・・・・・・・・・・・・・・・ 8

石つみゲーム ・・・・・・・・・・・・・・・・・・・・・・・・・・ 10

小石とばしゲーム ・・・・・・・・・・・・・・・・・・・ 11

石の たからばこ ・・・・・・・・・・・・・・・・・・ 12

石の ずかん ・・・・・・・・・・・・・・・・・・・・・・・・・・・・・・・・ 14

すなで 音楽会 …………………………… 16

声で もようを えがこう ………………… 18

さてつあそび ……………………………… 20

サラサラすな時計 ………………………… 22

すなから ヒョッコリ!
びっくりマジック ………………………… 24

虫めがねで
ちがいハッケン! ………………………… 26

おすすめの しぜんあそびを つたえよう ……… 28

そざいと あそびの さくいん ……………………… 30

石や すなを さがしに 行こう!

外に 出て 足元を 見て みると、
石や すなは いろいろな ところに あるよ。
とくに つぎのような 場所を さがして みよう。
石を 学校や 家の 中に もちこむ ときは、土を はらってね。

公園や グラウンド

公園や 学校の グラウンドには、すな場が
よく あるね。いろいろな 石も ひろえそうだよ。

じゅんび

石を ひろう ときは、ひろった 石を
入れるための ポリぶくろを ようい
しましょう。また、軍手が
あると べんりです。
すなを あつめる ときは、
スコップや バケツなどを
わすれずに。
出かける ときは、
大人と いっしょに 行くか
家の 人に 言ってから 出かけます。

公園に ある すなと、グラウンドに ある すなは、
色や つぶの 大きさなどが ちがうかも しれません。
石は、すみの ほうに ころがって いないでしょうか?

道ばた

道ばたでは、どこからか
ころがって きた
石を 見つけられるかも
しれないよ。

すてきな 石は
おちて いますかな?

6

海岸や 川原

海岸や 川原では、丸い 石が よく ひろえるよ。大きい 石、小さい 石、きれいな 石なども さがして みよう。海に すなはまが あれば、すなも あつめられるね。

同じ 川でも ひろう 場所が かわると、川の 流れの はやさの ちがいで 石の 大きさや 丸さが ちがう ことが あります。

すなはまの すなは、白っぽい ことが 多いです。

!気を つけよう

!あぶない 場所には 子どもだけで 行かない

川や 海には、大人と いっしょに 行きましょう。
また、雨の 日や 風が 強い 日は、川や 海には
近づいては いけません。

!家の 人に 言って 出かける

だれと、どこに 行くか、何時に 帰るか、
かならず 家の 人に つたえてから 出かけましょう。

!ほかの 家の にわや はたけなどに 入らない

かってに 入って、石や すなを とっては いけません。
とって いいか、その 家の 人に まず 聞いて みましょう。

!たくさん もち帰らない

公園や グラウンド、川原や 海岸の 石や
すなを とる ときは、その しせつや
地いきを かんりして いる ところに
かくにんを しましょう。つかう 分だけ
もち帰りましょう。

!まわりを よく 見る

石や すなを とる ときは、まわりを
よく 見て 車や 自転車が 来て いないか、
歩く 人の じゃまに ならないか
気を つけましょう。

ストーンアート

かかる時間
15分
くらい

かわかす 時間は
入りません

石は、とがって いたり 丸かったり、
よく 見ると おもしろい 形を して いますね。
形を いかして 絵を かいて、
あなただけの 作品を 作って みましょう。

これは
カラス！

あ！
ユーフォーだ！

ショートケーキ
おいしそう〜

じょうずに
かけたよ

ステップ 1

石の 形を
よーく 見て、
何に 見えるか
考える。

ようするもの
- 石
- ふとうめいペン
- しんぶん紙

うらがわから 見たり、
遠くから 見たり
して みるのですぞ

バスを
かくよ

ステップ 2

ふとうめいペンで
絵を かき、
色を ぬる。
しんぶん紙の 上で ぬろう。
うらがわも ぬると いいよ。

しっかり
かわかそう

ステップ 3

インクが かわくまで
おいて おく。

石つみゲーム

ひろって きた 石を ひとり 1つずつ
じゅんばんに つみかさねて、
どこまで 高く できるか
やって みましょう!

かかる時間
3分
くらい

よういするもの
- いろいろな 形の
石 10こくらい

うまく
のるかな?

ドキドキ

しっぱいしたら
もう 1回!

ステップ 1 いちばん 下に おく
石を きめる。

いちばん 下は、
大きく ひらたい
石が おすすめ
ですぞ

そーっと……

こんな 形だって
できるよ

ステップ 2

ひとり 1つずつ 石を えらんで つむ。

ステップ 3

じゅんばんに くりかえす。

小石とばしゲーム

かかる時間 **5分** くらい

よういするもの
- 小石 10こくらい
- えだ

いろいろな 形の 小石を まとに むかって ころがして みましょう。石は 思いがけない うごきを します。
友だちと じゅんばんに やって みると、楽しいですよ。

何点 とれるかな?

ステップ 1
まとに する 円を じめんに かき、
とく点を きめる。

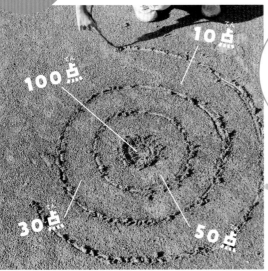

100点

10点

30点

50点

まとは、大きな 紙に かいても いいですぞ

ステップ 2
スタート地点を きめて、
まとに むかって
えだで 小石を とばす。

まわりの 人に ちゅうい!

えだで、小石を はじいて とばそう。力かげんが
ポイント! すなが とぶかも しれないので、
まわりの 人は 顔を 近づけないように しよう。

50点だ!

とばす 回数を きめて、何点 とれるか ちょうせん して みてね。

ステップ 3
石が のった ところの
点数を 見る。

石の たからばこ

すてきな 石や おもしろい 石など、
お気に入りの 石が あつまったら
はこに ならべて きれいに かざりましょう。
友だちと 見せあっても いいですね。

できた!

もっと 楽しく♪

石の しゅるいを
しらべて かくのも、
楽しいですぞ
(石の ずかんは 14ページ)

ひろった 場所を
シールに かいて、
石の うらに
はって みよう!

よういするもの
- お気に入りの 石
- いらなくなった はブラシ
- 水
- 水を 入れる 入れもの
- ぬの
- ペン
- 紙
- はさみ
- しきりの ついた はこ（チョコレートの はこなど）
- わた

ステップ 1

水を つけた はブラシで、石を こすって よごれを おとす。

水を つけながら こすろう。
よごれが おちたら、ぬのなどで 石を ふこう。

ステップ 2

しかん さん

おまめさん

紙を 小さく 切り、石の だいめいを かく。

だいめいは じゆうに 考えるのですぞ！

ステップ 3

おまめさん

しきりの ついた はこに、わたと 石、だいめいを かいた 紙を 入れる。

しきりは 画用紙などで 自分で 作っても いいよ。

石の ずかん

ひろった 石を
よく 見て みるの
ですぞ

いろいろな ところに ころがって いる 石。どれも 同じように
見えても、1つ1つ ちがった 形や 色を して います。

◉ 見た目　👈 手ざわり　📎 そのほか

石は 大きく 3つに 分けられる

石は、できかたによって
つぎの 3つの しゅるいに
分ける ことが できます。

- 火成岩
- たいせき岩
- へんせい岩

石の しゅるいを しらべて みよう

本や インターネットを さんこ
うに して、石の しゅるいを く
わしく しらべて みても いいで
しょう。虫めがねで 見て みる
と、とくちょうが よく 分かり
ます。

石を しらべる ときの ポイント

- どんな 色を して いるか
- どんな 手ざわりか
- かたさは どうか
- 小さい つぶが あるか
- 石や つぶが キラキラ
  光って いるかなど

火成岩

マグマ（ちきゅうの おく ふかくに ある 岩石が、高い ねつで ドロドロに
とけた もの）が ひえて かたまって できた 石です。マグマの ひえかたや、
ひえた 場所などによって、いろいろな 石が できます。

花こう岩

マグマが、ふかい ところで
ゆっくり ひえて かたまって
できた 石。はかや 橋に
つかわれる「みかげ石」とも
よばれる。

◉ 白っぽい ものが 多く、白や 黒、
　ガラスのような つぶが 見える。
　キラキラ して いる
👈 ザラザラ　📎 つぶが 大きい

安山岩

マグマが、地上に 近い ところで
きゅうに ひえて かたまって
できた 石。

◉ 灰色〜黒っぽい ことが 多い。
　キラキラ して いる
👈 ザラザラ
📎 つぶは 花こう岩より 小さい

玄武岩

マグマが、地上に 近い ところで
安山岩より さらに きゅうにひえて
かたまって できた 石。つぶは
細かく、ない ものも ある。

◉ 黒っぽい
👈 ザラザラ。われた 面は ツルツル
📎 細かい くぼみが ある ものも ある

たいせき岩

地上や 海の そこに たまった 小さな 石や すな、どろ、
生きものの しがいなどが、つみかさなって できた 石です。

れき岩

小さな 石の つぶが、かたまって
できた 石。

👁 くらい 灰色の ものが 多い
✋ ゴツゴツ、デコボコ
🔍 つぶは あるが、光らない

砂岩

小さな すなの つぶが かたまっ
て できた 石。

👁 白っぽい もの、灰色の ものなど
✋ ザラザラ
🔍 手で われる ものも ある

泥岩

どろが かたまって できた 石。

👁 白〜灰色。古い ものは うすい
　茶色に なる
✋ ツルツル
🔍 つぶが なく、われやすい

石灰岩

貝や サンゴ、生きものの
ぬけがら などから
できた 石。

👁 白〜灰色　✋ スベスベ
🔍 塩酸と いう えきたいを
　かけると、二酸化炭素の
　あわが 出る

チャート

二酸化ケイ素と いう ものや
ほうさん虫と いう 小さな
生きものから できた 石。

👁 赤色、白色、みどり色、
　茶色、灰色など いろいろ
✋ ツルツル、デコボコ
🔍 われた 面は とても するどい

へんせい岩

火成岩や たいせき岩に ねつや 力が
くわわって、形や せいぶんが かわった
石です。いろいろな 色や もようが あります。

けっしょう質石灰岩

石灰岩が マグマに ふれて、
へんかして できた 石。たてものや
こうげい品などに つかわれる
「だいり石」も ほとんどは
けっしょう質石灰岩から なる。

👁 白くて キラキラ。さとうを かためた
　ような 見た目
✋ スベスベ

これは 石？

これは、石に よく にた コン
クリートです。コンクリート
は、すなや じゃり、水を セ
メントで かためた もの。た
てものなどに つかわれます。

15

すなで 音楽会

かかる時間
6分
くらい

はこや ペットボトルに
すなを 入れて、
すべらせたり ふったり して みると、
なんだか すてきな 音が します。
どんな 音が 聞こえるでしょうか？

なみの
音みたい！

シャカ
シャカ

ザザー

もっと楽しく♪

すなを じゃり（→ 27 ページ）に
かえると、どんな 音が するかな？
ためして みよう。

ステップ 1

プラカップなどを
つかって、はこに
すなを 入れる。

よういするもの

- すな
- プラカップなど
- はこ
- ペットボトル
- 紙（ノートくらいの大きさ）
- セロハンテープ

ステップ 2

ペットボトルには、
丸めた 紙を つかって
すなを 入れ、ふたを しめる。

ペットボトルの 口に
丸めた 紙の 先を さしこんでね。

ステップ 3

はこを かたむけたり、
ペットボトルを
上下に ふったり して、
すなの 音を 聞く。

うごかしかたを かえて
いろいろな 音を
出して みるのですぞ

＼ できた ／

セロハンテープ

先が 細く なるように 紙を クルンと
まき、セロハンテープで とめましょう。

先は 少し あけて おくよ。

17

声で もようを えがこう

かかる時間 **5分** くらい

すなに むかって 声を 出して みたら、ふしぎ！
すなが うごいて もようが できますよ。

こんな もようが
できたよ

あー！！

ようじんするもの

よういするもの
- すな
- ボウル
- ラップ
- プラカップなど

ステップ 1

ボウルに ラップを ピンと はる。

しわが できないように はるよ。

ピン！

ステップ 2

ラップの 上に プラカップなどで すなを まく。

ラップ全体に うすく 広げよう。

こぼさないように 気を つけるのですぞ

ステップ 3

すなに むかって 大きな 声を 出す。

「あ〜！」「う〜！」「お〜！」など いろいろな 音で ためしたり、 声の 高さを かえて みたり しよう。

声を 出すと、空気が ふるえ、 その ふるえが、ラップを 細かく うごかすのです。

19

さてつあそび

▸ はれの 日に おすすめ

すなはまや 公園の すな場の
すなには、「さてつ」と いう 小さな つぶが
まぎれて います。さてつには、てつぶんが
ふくまれて いるので、じしゃくを つかって
楽しく あそぶ ことが できますよ。

おや、顔が
できましたぞ!

こんにちは

ステップ 1

ポリぶくろに じしゃくを 入れ、すなの ひょうめんを なでて さてつを くっつける。

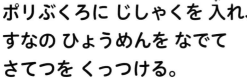

さてつは、かわいた すなの ほうが とりやすいよ。

これが さてつだよ

さてつは、じしゃくに ちょくせつ くっつくと、とるのが たいへんです。ちょくせつ くっついて しまったら、ガムテープなどで さてつを はがしましょう。

ステップ 2

トレイなどの 入れものの 上で、ポリぶくろから じしゃくを とり出し、さてつを おとす。

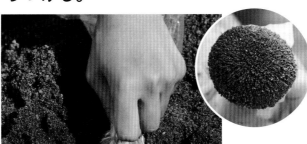

ステップ 3

トレイの 下から じしゃくを 近づけて、さてつを うごかす。
顔を かいて みたり、グルグルと うごかしたり、じゆうに あそんで みよう。

さてつ

さてつは、火山から 出る ようがんの 中に ふくまれて いた てつぶんが、長い 時間の 中で 細かい つぶに なった ものです。雨風や 川の 流れに のって、すなはまなどに たどりつきます。

かかる時間
15分
くらい

すな時計は、すなが おちる はやさで 時間を はかる 時計です。
ペットボトルを つかって、自分だけの すな時計を 作って みましょう。

3分くらいを
はかる
すな時計を
作りますぞ！

サラサラ〜

22

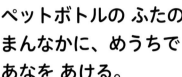

けがに
気を つけて
つかおう！

あなの 大きさは 3 〜 4 ミリメートルくらい。

めうちの つかいかたは
3かん 13 ページを
見てね。

よういするもの

- すな（かわいている もの。つぶは 細かい ものが おすすめ）
- 200 ミリリットルの ペットボトル 2本
- カッティングボード （ダンボールなどでも）
- めうち
- しんぶん紙
- 紙（ノートくらいの 大きさ）
- セロハンテープ
- プラカップなど
- ビニールテープ
- 時計

しっかり
おさえて！

カッティングボードの
上で やってね。

ステップ 1

ペットボトルの ふたの まんなかに、めうちで あなを あける。

2つの ふたの あなが
同じ 場所に なるように しよう。
ふたが かたければ
大人に やって もらってね。

あなが あいたよ

すなを 入れる ときは、
下に しんぶん紙を しこう。

ステップ 2

かたほうの ペットボトルに すなを 入れる。

ペットボトルの 口に 丸めた 紙（→ 17 ページ）の
先を さし、半分くらいまで すなを 入れ、
ふたを するよ。のこりの ペットボトルは
何も 入れずに ふたを しよう。

200 ミリリットルの ペットボトルなら、半分くらいまで
すなを 入れると、3分くらいの すな時計に なります。
すなが おちるまでの 時間は、すなの りょうや つぶの 大きさ、
ふたの あなの 大きさによって かわります。すなが 3分で
おちるように、時計を 見ながら ためして みましょう。

ステップ 3

ふたと ふたを まっすぐ 合わせて、ビニールテープで しっかり とめる。

さかさまに して みよう

すなから ヒョッコリ！
びっくりマジック

かかる時間
5分
くらい

すなが 入った ペットボトルを たたいたら、
ビーズが ヒョッコリ うかびあがります。
すなと 水の 力で できる、ふしぎな じっけんあそびです。

わあ!!

ビーズが
ヒョッコリ
で
出て きた

トントン

ゆれによって すなに 水が まざり、
ドロドロに なる ことを「えきじょう
化」と いいます。この とき、すな
の すきまに あった 水が いきおい よ
く おし出され、それと いっしょに
ビーズも とび出したのです。

ステップ 1

ペットボトルに すなを 入れ、
ビーズを 入れる。

ペットボトルの 口に
丸めた 紙（→17ページ）の
先を さし、
4分の 1くらいの
高さまで すなを
入れよう。その あと
ビーズを 入れてね。

よういするもの

- ふるいに かけた すな
- 500ミリリットルの ペットボトル
- 紙（ノートくらいの 大きさ）
- プラカップなど
- 大きめの プラスチックビーズ 5こくらい
- 水

水は
ギリギリまで
入れるのですぞ

ステップ 2

ペットボトルの
口 いっぱいまで 水を 入れ、
しっかり ふたを する。
空気が 入らないように しよう。

ゆびで トントン たたいて ゆらすと !?

ステップ 3

ペットボトルを いちど さかさまに して、
すぐに 元に もどし、中の すなが
下まで おちるのを じっと まつ。

すなが ぜんぶ おちて、ビーズが すなの 中に うまり、
水が すきとおるまで さわらずに じっと まってね。

虫めがねで ちがい ハッケン！

すなや じゃりや 土には、どんな ちがいが あるでしょうか。
虫めがねで じっくり 見て みると、いろいろな はっけんが
ありますよ。それぞれの ちがいを かんさつして みましょう。

じゃりって こんな 形を して いるんだ！

まるで
はかせの
ようですな

26

ステップ 1

紙ざらに、すな、じゃり、土をとりわける。

じゃりは 川や 海で とれ、土は はたけや 花だん、山の 中などで とれます。もち帰るときは、かんりして いる 人に 聞いてからに しましょう。

よういするもの

- すな
- じゃり
- 土
- 紙ざら 3まい
- 虫めがね

ステップ 2

手で さわったりにおいをかいだり する。

こっちは サラサラ　こっちは ジャリジャリ

ステップ 3

虫めがねで よく 見て みる。

つぶの 色や 大きさは どうかな？
何か まじって いるかな？

すな

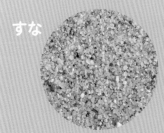

小さな 石の つぶが、たくさん あつまっています。キラキラ した とうめいな 石もありますね。

じゃり

すなよりも 大きな 石の つぶが あつまった もの。虫めがねで 見ると、ゴツゴツ して いるのが わかります。

土

細かい 岩石と、かれた しょくぶつや しんだ 生きものが まざりあって できた もの。すなよりも 少し しめった かんじが します。

もっと楽しく♪

目を つむって、手ざわりだけで すなと じゃりと土を あてて みよう！ 分かるかな？

おすすめの しぜんあそびを つたえよう

しぜんの ものを つかって、どんな あそびが できましたか？
お気に入りの あそびを、「しぜんあそび おすすめカード」に
まとめて、みんなで 見せあいましょう。

「しぜんあそび おすすめカード」には こんな ことを かこう！

何て いう あそびなの？

どうして おすすめ なの？

きみの おすすめの あそびを おしえてね！

何を つかうの？

どうやって あそぶの？

あそんだ ところを 見たいなぁ！

カードに まとめてみよう！

ほかにも こんな ことを おしえて！

- むずかしかった ところ
- じょうずに あそぶ コツ
- さわった かんじや 聞こえる 音など、気づいた こと

「しぜんあそび おすすめカード」の かきかた

「しぜんあそび おすすめカード」と 「ひとことカード」は、この 本の さいごに あります。
先生や おうちの 人に コピーして もらって つかいましょう。

みんなに おすすめしたい あそびの
名前を かきましょう。

あそんで いる ようすや、作った おもちゃ
などを 絵に かきましょう。

デジタルカメラや パソコンで とった
しゃしんを つかっても いいですね。

しぜんあそび おすすめカード

9月 20日

名前

2年 3組 内田 みなと

おすすめの あそびは サラサラすな時計 です

すなが おちて いくのを 見て いるのが
楽しかった。3分の すな時計に するのに
いろいろと ためして、うまく いった ときが
うれしい。

もっと！
ペットボトルに 絵を
かいたり、大きさを
かえたり して
作って みたい。

あそびかたや おすすめし
たい ところ、とくに おも
しろい ところ、かんじた
ことなどを かきましょう。

しぜんあそび おすすめカード

10月 18日

名前

1年 2組 前川 あおい

おすすめの あそびは ストーンアート です

石の 形が 何に 見えるか 考えるのが
おもしろいです。かめと かさと きのこを
かきました。かめが お気に入りです。

いいね！
わたしは、いろいろな
どうぶつの 絵を かいて、
ストーンアートの どうぶつ
園を 作って みたい！
木村 ゆい

ひとことカード

自分の かいた 「しぜんあそび おすすめカード」に つけたしたい
ことを はりつけたり、友だちの 「しぜんあそび おすすめカード」を
よんで、つたえたい ことを かいて わたしたり しましょう。

もっと！…もっと 楽しい あそびに するための アイデアや、
　　　　　ふしぎに 思った ことなど。
いいね！…友だちの 「しぜんあそび おすすめカード」を よんだ
　　　　　かんそうや、しつもんなど。

そざいと あそびの さくいん

このシリーズで しょうかいした あそびと、それに つかった そざいを、あいうえおじゅんに ならべて います。

●さくいんの つかいかた

行┐
　　┌そざいの 名前　　　のっている 本の 巻数
あ　アオキ ･･････････････････････ ④16
　　└アオキの 実とばし ･･････････ ④32
　　　　┌あそびの 名前　　　ページ数

あ　アオキ ･････････････････････････････ ④16
　　└アオキの 実とばし ･･･････････････ ④32
　　アザミ（ノアザミ）･･････････････････ ①13
　　└ノアザミの びようしつ ･･･････････ ①17
　　雨 ････････････････････････････････････ ⑥
　　└雨音えんそう会 ･･･････････････････ ⑥14
　　アメリカセンダングサ ････････････････ ④14
　　└ひっつき虫の チクチク マスコット ･ ④22
　　石 ････････････････････････････････････ ⑤
　　└石つみゲーム ･･･････････････････････ ⑤10
　　└石の たからばこ ･･･････････････････ ⑤12
　　└小石とばしゲーム ･････････････････ ⑤11
　　└ストーンアート ･･･････････････････ ⑤8
　　イチョウ ･････････････････････････････ ②15
　　└イチョウチョウ ･･･････････････････ ②20
　　エノコログサ ････････････ ①14、②12
　　└エノコログサの ふきや ･･･････････ ①26
　　オナモミ ･････････････････････････････ ④14
　　└ひっつき虫の チクチク マスコット ･ ④22

か　風 ････････････････････････････････････ ⑦
　　└ウインドチャイム ･･･････････････ ⑦22
　　└きょだいふうせん ･････････････････ ⑦16
　　└クルクルたこ ･･･････････････････････ ⑦18
　　└ストローひこうき ･････････････････ ⑦20
　　└ソーラーバルーンを うかそう ･････ ⑦26

　　└ユラユラパラシュート ･････････････ ⑦24
　　クチナシ ･････････････････････････････ ④16
　　└クチナシの 実の ハンカチぞめ ････ ④28
　　こおり ･･･････････････････････････････ ⑥
　　└いちばん 早く とけるのは？ ･･･････ ⑥22
　　└こおりつり ･････････････････････････ ⑥18
　　└こおりで お絵かき ･････････････････ ⑥20
　　コセンダングサ ･･･････････････････････ ④14
　　└ひっつき虫の チクチク マスコット ･ ④22

さ　サザンカ ･････････････････････････････ ①15
　　└サザンカの シェイク ･･･････････････ ①32
　　シロツメクサ ･･･････････ ①14、②12
　　└シロツメクサの じっけん ･････････ ①18
　　すな ･････････････････････････････････ ⑤
　　└声で もようを えがこう ･･･････････ ⑤18
　　└さてつあそび ･･･････････････････････ ⑤20
　　└サラサラすな時計 ･･･････････････････ ⑤22
　　└すなから ヒョッコリ！
　　　　びっくりマジック ･･･････････････ ⑤24
　　└すなで 音楽会 ･･･････････････････････ ⑤16
　　└虫めがねで ちがい ハッケン！ ･････ ⑤26
　　センダングサ
　　（アメリカセンダングサ・コセンダングサ）･･･ ④14
　　└ひっつき虫の チクチク マスコット ･ ④22

た　たね ･･･････････････････････････････････ ④
　　└たねの たいこ ･･･････････････････････ ④20
　　└たねの ヨーヨー ･････････････････････ ④18
　　└たねや 木の 実の コレクション ･･･ ④26
　　└わた毛の ベッド ･････････････････････ ④30
　　タンポポ ･･････････ ①12、②12、④13
　　└タンポポの 水花火 ･･･････････････････ ①10

チガヤ ································ 4 13
└チガヤの わたがし ············ 4 8
ツバキ ······························ 1 15
└ツバキの チョウチョウ ········ 1 34
└ハンカチの ツバキぞめ ········ 1 30
ツユクサ ····················· 1 14、2 13
└ツユクサぞめ ·················· 1 28
ドクダミ ····················· 1 14、2 12
└ドクダミの 風車 ··············· 1 11
どんぐり ····················· 3 、4 15
└どんぐり&まつぼっくりの
　どうぶつえん ················· 3 32
└どんぐりツリー ················ 3 16
└どんぐりの こま ··············· 3 10
└どんぐりの ふね ··············· 3 18
└どんぐりボウリング ············ 3 8
└やりどんなげ ·················· 3 14

な ノアザミ ·························· 1 13
└ノアザミの びようしつ ········ 1 17

は はっぱ ······························ 2
└おしばを 作ろう ··············· 2 23
└おちばの ステンドグラス ······ 2 28
└おちばの やきとり ············· 2 26
└お店やさんごっこ ············· 2 34
└はっぱ星人 ···················· 2 22
└はっぱの スタンプ ············· 2 32
└はっぱの ひこうき ············· 2 10
└はっぱの ふえ ················· 2 18
└ひみつの 手紙 ················· 2 19
花 ·································· 1
└草花アレンジ ·················· 1 20
└花の スノードーム ············· 1 8
└ハンカチの 花ぞめ ············· 1 30
光 ·································· 7
└かげあてクイズ ················ 7 10

└カラーセロハンの ステンドグラス ··· 7 14
└カラフルかげ作り ············· 7 8
└ソーラーバルーンを うかそう ··· 7 26
└にじを 作ろう ················· 7 12
└光の スタンプ ················· 7 13
ヒマラヤスギ ······················ 3 22
└うごく いもむし ··············· 3 28
フウセンカズラ ···················· 4 13
└フウセンカズラの たねの サル ·· 4 10
ホオノキ ·························· 2 15
└ホオノキの おめん ············· 2 8

ま マツ ···························· 2 15
└マツバの トントンずもう ······ 2 30
まつぼっくり ··············· 3 、4 16
└つりぼっくりん ················ 3 30
└どんぐり&まつぼっくりの
　どうぶつえん ················· 3 32
└ふしぎな ミノムシ ············· 3 26
└まつぼっくりキャッチ ·········· 3 24
└まつぼっくりの カチカチボール ··· 3 34
実 ·································· 4
└木の 実で 顔を かこう！ ······· 4 17
└木の 実の コレクション ········ 4 24
└たねや 木の 実の コレクション ··· 4 26
水 ·································· 6
└うずまきを 作ろう ············· 6 10
└紙パックの シャワー ··········· 6 16
└水でっぽうで まとあてゲーム ··· 6 12
└ゆびが 大きく なっちゃった！ ·· 6 8
メヒシバ ·························· 1 14
└メヒシバの かさ ··············· 1 24

や 雪 ······························ 6
└雪玉ストライク ················ 6 24
└雪つみゲーム ·················· 6 26
└雪の けっしょうを 見て みよう ··· 6 23

監修　露木和男（つゆき　かずお）

福岡県生まれ。筑波大学附属小学校教諭を経て、2009〜2020年の11年間、早稲田大学教育・総合科学学術院教授。現在は「早稲田こどもフィールドサイエンス教室」指導統括をしている。主著に『小学校理科 授業の思想―授業者としての生き方を求めて』（不昧堂出版）、『「やさしさ」の教育―センス・オブ・ワンダーを子どもたちに―』（東洋館出版社）などがある。

あそびプラン考案	岩立直子（くりの木倶楽部）
石のずかん監修	柴山元彦（自然環境研究オフィス）

写真	キッチンミノル
モデル	有限会社クレヨン （遠藤優月、渋谷いる太、鈴木琉生、関野レオ、福田梓央、本多すみれ、前島花凪、松本季子、丸﨑 琴、渡辺和歩）
デザイン	鷹觜麻衣子
キャラクターイラスト	ヒダカマコト
イラスト	藤本たみこ
DTP	有限会社ゼスト
校正	夢の本棚社
編集	株式会社スリーシーズン（渡邉光里、奈田和子）
撮影・写真協力	葛飾区観光フィルムコミッション

3つのステップですぐできる！　草花あそび・しぜんあそび 5
石やすなであそぼう

発行	2023年4月　第1刷
監修	露木和男
写真	キッチンミノル
発行者	千葉　均
編集	片岡陽子、湧川依央理
発行所	株式会社ポプラ社 〒102-8519　東京都千代田区麹町4-2-6 ホームページ　www.poplar.co.jp（ポプラ社） 　　　　　　　kodomottolab.poplar.co.jp（こどもっとラボ）
印刷・製本	図書印刷株式会社

あそびをもっと、
まなびをもっと。
こどもっとラボ

ISBN 978-4-591-17623-8　N.D.C.786　31p　27cm　　　　　　　© POPLAR Publishing Co., Ltd. 2023　Printed in Japan

3つのステップですぐできる！

草花あそび・しぜんあそび

全7巻

監修●露木和男　写真●キッチンミノル

1 花やくきであそぼう 39ページ

2 はっぱであそぼう 39ページ

3 どんぐりやまつぼっくりであそぼう 39ページ

4 たねや小さな実であそぼう 39ページ

5 石やすなであそぼう 31ページ

6 水やこおりや雪であそぼう 31ページ

7 光や風であそぼう 31ページ

小学校低学年向き

N.D.C.786　AB判　オールカラー

図書館用特別堅牢製本図書

しぜんあそび おすすめカードと ひとことカード

右の しぜんあそび おすすめカードと 下の ひとことカードは、
コピーして つかいます。

A4 サイズの紙に原寸でコピーしてください。モノクロでもコピーできます。

つかいかたは
28〜29ページを
見てね

ひとことカード

太い 線で 切りとって つかいましょう。

もっと！

いいね！

じゆうに
つかってね